바른 글씨체를 잡아 주는

속담

따라
쓰기

고영종 글 | 하이툰닷컴 그림

주니어김영사

또박또박 쓰면 쓸수록 자신감이 쑥쑥 올라가는 따라 쓰기!

　여러분은 글씨를 잘 쓰나요? 혹시 글씨 이야기만 나오면 얼굴이 빨개지지는 않나요? 여기 승준이라는 친구도 글씨 때문에 힘들어 하고 있어요. 다음 이야기를 읽고 어떻게 승준이를 도와줄지 함께 생각해 보아요.

　　전 씩씩하고 운동도 잘하고 재미있는 이야기도 잘해서 친구들한테 인기가 많았어요. 지금은 아니지만요. 친구들이 저를 좋아하지 않게 된 건 다 글씨 때문이에요. 선생님께 알림장 검사를 받으러 갔는데 글씨가 엉망이라고 예쁘게 다시 써 오라고 그러셨어요. 하지만 아무리 예쁘게 글씨를 쓰려고 해도 계속 삐뚤삐뚤하게만 되는 거예요. 그래서 계속 다시 쓰고 다시 쓰고 하다 보니까 나중에는 팔도 아프고 너무 힘들어서 짜증이 났어요. 그때 친구들이 제 알림장을 보고 깜짝 놀라면서 지렁이가 기어간다고 놀렸어요. 또 얼굴은 잘 생겼는데 글씨는 엉망이라고 실망했다고 그러고요. 창피하기도 하고 화도 나서 친구들하고 싸웠어요. 그 후로도 글씨 이야기만 나오면 친구들이 절 쳐다보며 비웃는 것 같아요. 그러다 보니 다른 일도 자신감이 안 생기고 늘 머뭇거리게 돼요. 친구들도 이제는 저를 좋아하지 않는 것 같아요……

여러분은 어떻게 하면 글씨를 예쁘게 쓸 수 있는지 알고 있나요? 혹시 여러분도 승준이와 같은 고민을 하고 있지는 않나요?

많은 사람들이 김연아 선수의 스케이트 쇼를 보면서 감탄하고 칭찬하지요. 또 세계적인 수영 대회에서 금메달을 따는 박태환 선수의 모습을 보면서 환호를 지르기도 하고요. 우리가 보는 김연아 선수의 환상적인 스케이트 기술, 박태환 선수의 돌고래 같은 수영 실력 그리고 아이돌 가수들의 춤과 노래는 모두 끊임없는 연습과 노력의 결과랍니다.

글씨도 마찬가지예요. 바르고 예쁜 글씨를 위해서는 많은 연습과 노력이 필요하답니다. 그런데 왜 아직도 글씨를 바르게 써야 하는지 모르겠다고요?

글씨는 그 사람의 얼굴이라고 해요. 글씨를 보면 그 사람의 마음이나 태도까지 알 수 있다는 말이지요. 그래서 우리 조상들은 사람을 볼 때 그 사람의 글씨까지도 매우 중요하게 생각했다고 합니다. 여러분이 글씨가 엉망인 친구보다 바르고 예쁜 글씨를 쓰는 친구에게 좋은 인상을 갖게 되는 것도 바로 그런 이유 때문일 거예요.

사람의 글씨체는 쉽게 바뀌지 않는답니다. 여러분이 지금 쓰는 글씨체가 평생을 갈 수도 있어요. 그러니까 글씨는 처음 쓰는 법을 배울 때 잘 배워 둬야 예쁜 글씨를 평생 간직할 수 있어요. 글씨가 엉망이라 걱정이라고요? 걱정하지 말아요. 여러분은 이제 시작 단계니까 지금부터 따라 쓰기를 열심히 한다면 금방 예쁜 글씨를 쓸 수 있을 테니까요.

이 책을 어떻게 공부하면 좋을까요?

이 책은 표준국어대사전에 나오는 정확한 속담 표현을 난이도와 교과 연계에 따라 단계별로 담고 있어요. 그러니까 이왕이면 첫 장부터 차근차근 따라 써 보세요.

또, 한꺼번에 몰아서 하는 것보다 하루에 몇 쪽씩 또는 속담 몇 개씩을 정해 놓고 공부하는 것이 좋아요. 한꺼번에 몰아서 하다 보면 힘이 들고 하기도 싫어져서 글씨도 엉망이 된답니다. 그렇게 되면 예쁘고 바른 글씨를 익히려고 공부하는 게 아무런 소용이 없겠지요? 하루 중 이 책을 공부하는 시간을 정해 놓고 일정한 분량을 매일매일 꾸준히 해 나간다면 쉽게 할 수 있을 거예요.

처음 접하는 내용은 문장의 의미를 생각하고, 글자의 모양을 잘 살펴보면서 천천히 따라 써야 해요. 급하게 빨리 쓰려고 하면 실력이 늘지 않아요. 처음에는 천천히, 어느 정도 익숙해지면 조금씩 속도를 높여 가며 따라 써 보세요.

책상에 바른 자세로 앉아 차분한 마음으로, 글씨가 예뻐진다는 상상을 하면서 한 자 한 자 정성 들여 따라 쓰기를 해 보세요. 몸의 자세, 마음의 자세가 흐트러지면 글씨도 삐뚤어지겠지요?

책 한 권이 끝나 갈 즈음에는 삐뚤빼뚤했던 글씨가 예뻐지면서 글씨 쓰기가 즐거워질 거예요. 물론 글씨 쓸 때 손이 아픈 것도 많이 줄어들고 속도도 굉장히 빨라지겠지요.

자, 지금부터 예뻐진 나의 글씨를 상상하면서 즐거운 마음으로 《바른 글씨체를 잡아 주는 속담 따라 쓰기》를 시작해 볼까요?

고영종

《속담 따라 쓰기》는 이런 점이 좋아요!

❶ 글자를 쉽게 익혀요
글자를 처음 배우는 저학년이 따라 쓰기에 적합한 글자 크기로 되어 있고, 자음과 모음의 위치를 생각하면서 글자를 쓸 수 있어서 글자를 쉽게 익힐 수 있어요.

❷ 손과 팔에 힘이 길러져요
따라 쓰기를 하다 보면 어느 순간 크게 힘들이지 않고도 글씨를 빠르고 예쁘게 쓸 수 있도록 힘이 생겨요. 연필심을 적당히 깎아서 쓰기 시작하세요.

❸ 인내심과 집중력을 길러요
따라 쓰기를 하는 동안 만큼은 들떴던 마음을 차분하게 가라앉힐 수 있고, 인내심과 집중력을 기를 수 있답니다.

❹ 속담을 오래 기억할 수 있어요
다양하게 활용되는 속담을 단순히 눈으로 읽는 것보다 따라 쓰면서 외우면 훨씬 더 오래 기억할 수 있답니다.

❺ 맞춤법과 띄어쓰기를 정확하게 알 수 있어요
평소 초등학생이 어려워하는 맞춤법과 띄어 쓰기를 정확하게 표기해 놓았기 때문에 속담을 따라 쓰면서 저절로 익힐 수 있어요.

❻ 차근차근 수준별로 속담을 익힐 수 있어요
현직 초등학교 선생님이 직접 학년별, 학기별 교과 수준에 맞춰서 속담을 골라 구성했어요.

❼ 속담을 활용한 다양한 내용으로, 따라 쓰기가 지겹지 않아요
그림을 보고 속담 맞추기, 속담 속의 빈칸 채우기 등으로 앞에서 배운 속담을 재미있게 익힐 수 있어요.

차 례

1단계
천 리 길도 한 걸음부터

1. 하나를 보면 열을 안다. 10
2. 세 살 버릇이 여든까지 간다. 12
3. 백지장도 맞들면 낫다. 14
4. 수박 겉 핥기 16
5. 먼 사촌보다 가까운 이웃이 낫다. 18
6. 누워서 침 뱉기 20
7. 남의 손의 떡은 커 보인다. 22
8. 지렁이도 밟으면 꿈틀한다. 24
9. 원숭이도 나무에서 떨어진다. 26
10. 벼 이삭은 익을수록 고개를 숙인다. 28

2단계
티끌 모아 태산

1. 바늘 도둑이 소 도둑 된다. 36
2. 돌다리도 두드려 보고 건너라. 38
3. 꼬리가 길면 밟힌다. 40
4. 낮말은 새가 듣고 밤말은 쥐가 듣는다. 42
5. 가는 말이 고와야 오는 말이 곱다. 44
6. 아니 땐 굴뚝에 연기 날까. 46
7. 원수는 외나무다리에서 만난다. 48
8. 콩 심은 데 콩 나고 팥 심은 데 팥 난다. 50
9. 하룻강아지 범 무서운 줄 모른다. 52
10. 소 잃고 외양간 고친다. 54

3단계

하늘이 무너져도 솟아날 구멍이 있다

1. 가랑비에 옷 젖는 줄 모른다. 62
2. 도토리 키 재기 64
3. 도둑이 제 발 저리다. 66
4. 바늘 가는 데 실 간다. 68
5. 겉 다르고 속 다르다. 70
6. 귀한 자식 매 한 대 더 때린다. 72
7. 미운 아이 떡 하나 더 준다. 74
8. 병 주고 약 준다. 76
9. 될성부른 나무는 떡잎부터 알아본다. 78
10. 구슬이 서 말이라도 꿰어야 보배 80

4단계

구르는 돌은 이끼가 안 낀다

1. 등잔 밑이 어둡다. 88
2. 자라 보고 놀란 가슴 솥뚜껑 보고 놀란다. 90
3. 고슴도치도 제 새끼는 함함하다고 한다. 92
4. 드는 정은 몰라도 나는 정은 안다. 94
5. 가지 많은 나무에 바람 잘 날이 없다. 96
6. 열 손가락 깨물어 안 아픈 손가락이 없다. 98
7. 무쇠도 갈면 바늘 된다. 100
8. 입에 쓴 약이 병에는 좋다. 102
9. 쥐구멍에도 볕 들 날 있다. 104
10. 호랑이 굴에 가야 호랑이 새끼를 잡는다. 106

천 리 길도 한 걸음부터

'천 리 길도 한 걸음부터'라는 속담처럼 모든 일에는 시작이 있어요.
바르고 예쁜 글씨 쓰기도 책을 펼치고, 연필을 잡는 것부터가
시작이지요. 그리고 한 글자 한 글자 따라 쓰다 보면 어느새
'예쁜 글씨 왕'이 되어 있을 거예요.
자, 여러분, 시작해 볼까요?

1. 하나를 보면 열을 안다.

 작은 행동 하나에도 그 사람의 성격이나 버릇 등 많은 것들이 드러납니다. 무심코 하는 한 가지의 행동을 보고서도 그 사람의 여러 가지를 미루어 짐작할 수 있다는 뜻이에요.

하	나	를		보	면		열	을		안
다	.									

하	나		보	다		열		알	다
하	나		보	다		열		알	다
하	나		보	다		열		알	다

하 나 를　보 면　열 을　안

하 나 를　보 면　열 을　안

하 나 를　보 면　열 을　안

다 .

다 .

다 .

하 나 를　보 면　열 을　안 다 .

하 나 를　보 면　열 을　안 다 .

하 나 를　보 면　열 을　안 다 .

2. 세 살 버릇이 여든까지 간다.

한번 들인 버릇은 쉽게 고쳐지지 않아요. 어릴 때부터 나쁜 버릇이 들지 않도록 잘 해야 한다는 뜻이에요.

세		살		버	릇	이		여	든	까
지		간	다	.						

셋	살	버릇	여든
셋	살	버릇	여든
셋	살	버릇	여든

세 살 버릇이 여든까
세 살 버릇이 여든까
세 살 버릇이 여든까

지 간다.
지 간다.
지 간다.

세 살 버릇이 여든까지 간
세 살 버릇이 여든까지 간

다.
다.

3. 백지장도 맞들면 낫다.

 백지장은 하얀 종이를 말해요. 아주 가벼운 종이라도 친구와 같이 들면 더욱 가볍겠지요? 아무리 사소하고 작은 일이라도 힘을 합치면 혼자보다 더 쉽게 할 수 있다는 뜻이에요.

| 백 | 지 | 장 | 도 | | 맞 | 들 | 면 | | 낫 | 다 | . |
| 백 | 지 | 장 | 도 | | 맞 | 들 | 면 | | 낫 | 다 | . |

백	지	장		맞	들	다		낫	다
백	지	장		맞	들	다		낫	다
백	지	장		맞	들	다		낫	다

백지장도　맞들면　낫다.

백지장도　맞들면　낫다.

백지장도　맞들면　낫다.

백지장도　맞들면　낫다.

백지장도　맞들면　낫다.

백지장도　맞들면　낫다.

4. 수박 겉 핥기

 달고 맛있는 수박의 속을 먹는다는 것이 딱딱한 껍질만 핥고 있다는 뜻으로, 사물의 속 내용은 모르고 겉만 보고 판단함을 비유적으로 이르는 말이에요.

수	박		겉		핥	기			
수	박		겉		핥	기			

속담에 들어 있는 단어를 따라 써 보세요.

수	박	겉	핥	다
수	박	겉	핥	다
수	박	겉	핥	다

16

수박 겉 핥기

수박 겉 핥기

수박 겉 핥기

수박 겉 핥기

수박 겉 핥기

수박 겉 핥기

5. 먼 사촌보다 가까운 이웃이 낫다.

 가까운 이웃끼리 친하게 지내다 보면, 멀리 살고 있는 가족보다 더 친하게 지내며 서로 돕고 산다는 말이에요.

먼		사	촌	보	다		가	까	운	
이	웃	이		낫	다	.				

멀	다	사	촌	가	깝	다	이	웃
멀	다	사	촌	가	깝	다	이	웃
멀	다	사	촌	가	깝	다	이	웃

먼　사촌보다　가까운

먼　사촌보다　가까운

먼　사촌보다　가까운

이웃이　낫다.

이웃이　낫다.

이웃이　낫다.

먼　사촌보다　가까운　이웃이 V

먼　사촌보다　가까운　이웃이 V

낫다.

낫다.

6. 누워서 침 뱉기

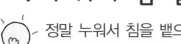 정말 누워서 침을 뱉으면 어떻게 될까요? 상상하기도 싫다고요? 이 속담은 남을 해치려고 하다가 도리어 자신이 해를 입게 된다는 뜻을 비유한 말이에요.

누	워	서		침		뱉	기			
누	워	서		침		뱉	기			

눕	다		침		뱉	다
눕	다		침		뱉	다
눕	다		침		뱉	다

누워서 침 뱉기

누워서 침 뱉기

누워서 침 뱉기

누워서 침 뱉기

누워서 침 뱉기

누워서 침 뱉기

7. 남의 손의 떡은 커 보인다.

 같은 물건이라도 내가 가진 것보다 다른 사람이 가지고 있는 것이 더 좋아 보여 탐을 냅니다는 뜻이지요.

남	의		손	의		떡	은		커
보	인	다	.						

남	손	떡	크다	보이다
남	손	떡	크다	보이다
남	손	떡	크다	보이다

속담을 예쁘게 따라 써 보세요.

남의 손의 떡은 커

보인다.

남의 손의 떡은 커 보인다.

8. 지렁이도 밟으면 꿈틀한다.

 지렁이는 작고 힘없는 동물이지만 살아 있는 생물이기 때문에 사람이 밟으면 아프겠지요? 아무리 순하고 좋은 사람일지라도 너무 괴롭히면 반항한다는 뜻이에요.

지	렁	이	도		밟	으	면		꿈	틀
한	다	.								

지	렁	이		밟	다		꿈	틀	하	다
지	렁	이		밟	다		꿈	틀	하	다
지	렁	이		밟	다		꿈	틀	하	다

지 렁 이 도 　 밟 으 면 　 꿈 틀
지 렁 이 도 　 밟 으 면 　 꿈 틀
지 렁 이 도 　 밟 으 면 　 꿈 틀

한 다 .
한 다 .
한 다 .

지 렁 이 도 　 밟 으 면 　 꿈 틀 한 다 .
지 렁 이 도 　 밟 으 면 　 꿈 틀 한 다 .
지 렁 이 도 　 밟 으 면 　 꿈 틀 한 다 .

9. 원숭이도 나무에서 떨어진다.

 원숭이는 나무를 오르내리면서 살기 때문에 나무 위에서 지내는 게 아주 익숙해요. 하지만 그런 원숭이도 가끔 나무에서 떨어질 때가 있지요. 아무리 익숙하고 잘하는 일이라도 때로는 실수가 있다는 뜻이에요.

원	숭	이	도		나	무	에	서		떨
어	진	다	.							

원	숭	이		나	무		떨	어	지	다
원	숭	이		나	무		떨	어	지	다
원	숭	이		나	무		떨	어	지	다

원숭이도　나무에서　떨
원숭이도　나무에서　떨
원숭이도　나무에서　떨

어진다.
어진다.
어진다.

원숭이도　나무에서　떨어진다.
원숭이도　나무에서　떨어진다.
원숭이도　나무에서　떨어진다.

10. 벼 이삭은 익을수록 고개를 숙인다.

벼는 익으면 익을수록 무거워지기 때문에 점점 고개가 숙여집니다. 이처럼 생각이 깊고 지식이 많은 사람일수록 뽐내지 않고 겸손하다는 뜻입니다.

벼		이	삭	은		익	을	수	록	
고	개	를		숙	인	다	.			

벼	이 삭	익 다	고 개	숙 이 다
벼	이 삭	익 다	고 개	숙 이 다
벼	이 삭	익 다	고 개	숙 이 다

벼　이삭은　익을수록

벼　이삭은　익을수록

벼　이삭은　익을수록

고개를　숙인다.

고개를　숙인다.

고개를　숙인다.

벼　이삭은　익을수록　고개를 ∨

벼　이삭은　익을수록　고개를 ∨

숙인다.

숙인다.

다음 속담에서 빈 칸에 들어갈 말을 채워 보세요.

❶ ☐☐ 를 보면 ☐ 을 안다.

❷ ☐ 살 버릇 ☐☐ 까지 간다.

❸ ☐☐☐ 도 맞들면 낫다.

❹ 수박 ☐ 핥기

❺ 먼 ☐☐ 보다 가까운 ☐☐ 이 낫다.

❻ 누워서 ☐ 뱉기

❼ 남의 손의 ☐ 은 커 보인다.

❽ ☐☐☐ 도 밟으면 꿈틀한다.

❾ ☐☐☐ 도 ☐☐ 에서 떨어진다.

❿ ☐ 이삭은 익을수록 ☐☐ 를 숙인다.

다음 초성과 힌트를 보고 속담을 맞춰 보세요.

① | ㅈ | ㄹ | ㅇ | ㄷ | | ㅂ | ㅇ | ㅁ | | ㄲ | ㅌ | ㅎ | ㄷ | .

아무리 순하고 좋은 사람일지라도 너무 괴롭히면 반항한다는 뜻이에요.

답:

② | ㅂ | ㅈ | ㅈ | ㄷ | | ㅁ | ㄷ | ㅁ | | ㄴ | ㄷ | . | |

아무리 사소한 일이라도 힘을 합치면 더 쉽게 할 수 있다는 뜻이에요.

답:

31

쉬어가기

다음 그림을 보고 적절한 속담을 써 보세요.

답: [ ][ ][ ][ ][ ][ ][ ][ ][ ][ ][ ][ ][ ][ ][ ]
   [ ][ ][ ][ ][ ][ ][ ][ ][ ][ ][ ][ ][ ][ ][ ]

답: [ ][ ][ ][ ][ ][ ][ ][ ][ ][ ][ ][ ][ ][ ][ ]
   [ ][ ][ ][ ][ ][ ][ ][ ][ ][ ][ ][ ][ ][ ][ ]

정답

❶ 세 살 버릇 여든까지 간다. ❷ 원숭이도 나무에서 떨어진다.

32

띄어 쓰기에 주의하며, 밑줄에 속담을 써 보세요.

지금까지 배운 속담을 써 보세요. 띄어 쓰기에 주의하며 글자의 균형이 흐트러지지 않게
써야 해요. 부모님이 속담을 불러 주고 받아 쓰기를 해도 좋아요.

티끌 모아 태산

티끌은 눈에 보이지 않을 정도로 작은 것을 비유한 말이에요.
'티끌 모아 태산'은 아무리 작은 것이라도 모이면 큰 것이 된다는 뜻이
지요. 여러분도 지금은 따라 쓰는 게 익숙하지 않고 힘들지도 몰라요.
하지만 꾸준히 따라 쓰다 보면 곧 예쁜 글씨를 쓸 수 있을 거예요.

1. 바늘 도둑이 소 도둑 된다.

바늘처럼 작은 것을 훔치던 사람도 계속 훔치는 것을 반복하다 보면 소처럼 큰 물건까지도 훔치게 된다는 뜻이에요.

바	늘		도	둑	이		소		도	둑	V
된	다	.									

바	늘	도	둑	소	되	다
바	늘	도	둑	소	되	다
바	늘	도	둑	소	되	다

바늘 도둑이 소 도둑 V

바늘 도둑이 소 도둑 V

바늘 도둑이 소 도둑 V

된다.

된다.

된다.

바늘 도둑이 소 도둑 된다.

바늘 도둑이 소 도둑 된다.

바늘 도둑이 소 도둑 된다.

2. 돌다리도 두드려 보고 건너라.

 아무리 익숙하고 잘 아는 일이라도 늘 살피고 조심하라는 말이에요.

돌	다	리	도		두	드	려		보	고 V
건	너	라	.							

돌	다	리	두	드	리	다	건	너	다
돌	다	리	두	드	리	다	건	너	다
돌	다	리	두	드	리	다	건	너	다

돌다리도　두드려　보고 V
돌다리도　두드려　보고 V
돌다리도　두드려　보고 V

건너라.
건너라.
건너라.

돌다리도　두드려　보고　건너
돌다리도　두드려　보고　건너

라.
라.

3. 꼬리가 길면 밟힌다.

 나쁜 일을 아무도 모르게 한다고 해도, 여러 번 계속하다 보면 언젠가는 들통 나게 되어 있다는 뜻이에요.

꼬 리 가　길 면　밟 힌 다 .

꼬 리 가　길 면　밟 힌 다 .

속담에 들어 있는 단어를 따라 써 보세요.

꼬 리	길 다	밟 히 다
꼬 리	길 다	밟 히 다
꼬 리	길 다	밟 히 다

꼬리가 길면 밟힌다.

꼬리가 길면 밟힌다.

꼬리가 길면 밟힌다.

꼬리가 길면 밟힌다.

꼬리가 길면 밟힌다.

꼬리가 길면 밟힌다.

4. 낮말은 새가 듣고 밤말은 쥐가 듣는다.

아무도 없다고 생각하고 몰래 한 말도 새어 나가기 마련이지요. 언제 어디서라도 말 조심하라는 뜻이에요.

| 낮 | 말 | 은 | | 새 | 가 | | 듣 | 고 | | 밤 |
| 말 | 은 | | 쥐 | 가 | | 듣 | 는 | 다 | . | |

속담에 들어 있는 단어를 따라 써 보세요.

낮	말	새	듣	다	밤	말	쥐
낮	말	새	듣	다	밤	말	쥐
낮	말	새	듣	다	밤	말	쥐

낮 말 은 　새 가 　듣 고 　밤

말 은 　쥐 가 　듣 는 다 .

낮 말 은 　새 가 　듣 고 　밤 말 은

쥐 가 　듣 는 다 .

5. 가는 말이 고와야 오는 말이 곱다.

여러분은 친구들의 말에 속상했던 적이 있나요? 내가 남에게 고운 말과 행동을 해야 상대방도 나에게 고운 말과 행동으로 답을 주겠지요. 항상 말과 행동을 조심해야 한다는 뜻이에요.

| 가 | 는 | | 말 | 이 | | 고 | 와 | 야 | | 오 |
| 는 | | 말 | 이 | | 곱 | 다 | . | | | |

가	다	말	곱	다	오	다
가	다	말	곱	다	오	다
가	다	말	곱	다	오	다

가는　말이　고와야　오

는　말이　곱다.

가는　말이　고와야　오는　말

이　곱다.

6. 아니 땐 굴뚝에 연기 날까.

아궁이에 불을 때면 굴뚝으로 연기가 나오지요. 불도 지피지 않았는데 연기가 어찌 나겠느냐는 말로, 어떤 결과에는 반드시 그렇게 된 원인이 있다는 뜻이에요.

아	니		땐		굴	뚝	에		연	기	V
날	까	.									

때	다	굴	뚝	연	기	나	다
때	다	굴	뚝	연	기	나	다
때	다	굴	뚝	연	기	나	다

아니 땐 굴뚝에 연기∨

아니 땐 굴뚝에 연기∨

아니 땐 굴뚝에 연기∨

날까.

날까.

날까.

아니 땐 굴뚝에 연기 날까.

아니 땐 굴뚝에 연기 날까.

아니 땐 굴뚝에 연기 날까.

7. 원수는 외나무다리에서 만난다.

 외나무다리에서 서로 마주치면 한쪽이 양보해서 되돌아가야 해요. 그런데 그런 곳에서 자신의 원수를 만났다면 어떤 기분일까요? 이처럼 서로 꺼리고 싫어하는 대상을 피할 수 없는 자리에서 만났을 때를 일컫는 말이에요.

원	수	는		외	나	무	다	리	에	서	∨
만	난	다	.								

원	수		외	나	무	다	리		만	나	다
원	수		외	나	무	다	리		만	나	다
원	수		외	나	무	다	리		만	나	다

원수는　외나무다리에서 V

원수는　외나무다리에서 V

원수는　외나무다리에서 V

만난다.

만난다.

만난다.

원수는　외나무다리에서　만난

원수는　외나무다리에서　만난

다.

다.

49

8. 콩 심은 데 콩 나고 팥 심은 데 팥 난다.

하나의 씨를 뿌리면 그 씨에 해당하는 작물이 나오기 마련이지요. 이처럼 모든 일은 원인에 따라 그 결과가 나타난다는 뜻이에요.

콩		심은		데		콩		나고 V
팥		심은		데		팥		난다.

속담에 들어 있는 단어를 따라 써 보세요.

콩	심다	나다	팥
콩	심다	나다	팥
콩	심다	나다	팥

콩　심은　데　콩　나고∨

콩　심은　데　콩　나고∨

콩　심은　데　콩　나고∨

팥　심은　데　팥　난다.

팥　심은　데　팥　난다.

팥　심은　데　팥　난다.

콩　심은　데　콩　나고　팥

콩　심은　데　콩　나고　팥

심은　데　팥　난다.

심은　데　팥　난다.

9. 하룻강아지 범 무서운 줄 모른다.

 하룻강아지는 태어난 지 얼마 되지 않은 어린 강아지를 말해요. 그만큼 철없고 모르는 게 많아 겁도 없지요. 하룻강아지처럼 겁 없이 함부로 나대는 경우를 일컫는 말이에요.

하	룻	강	아	지		범		무	서	운	V
줄		모	른	다	.						

하	룻	강	아	지	범	무	섭	다
하	룻	강	아	지	범	무	섭	다
하	룻	강	아	지	범	무	섭	다

하룻강아지 범 무서운V
하룻강아지 범 무서운V
하룻강아지 범 무서운V

줄 모른다.
줄 모른다.
줄 모른다.

하룻강아지 범 무서운 줄
하룻강아지 범 무서운 줄

모른다.
모른다.

10. 소 잃고 외양간 고친다.

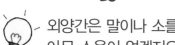 외양간은 말이나 소를 기르는 곳이에요. 소를 잃고 허술한 외양간을 다시 고친다 해도 아무 소용이 없겠지요? 이미 일을 그르친 뒤에는 막으려 해도 소용없다는 말이에요.

소		잃고		외	양	간		고	친
다	.								

소	잃	다		외	양	간		고	치	다
소	잃	다		외	양	간		고	치	다
소	잃	다		외	양	간		고	치	다

소　잃고　외양간　고친
소　잃고　외양간　고친
소　잃고　외양간　고친

다.
다.
다.

소　잃고　외양간　고친다.
소　잃고　외양간　고친다.
소　잃고　외양간　고친다.

다음 속담에서 빈 칸에 들어갈 말을 채워 보세요.

❶ 바늘 도둑이 ☐ 도둑 된다.

❷ ☐☐☐ 도 두드려 보고 건너라.

❸ 꼬리가 길면 ☐☐☐ .

❹ ☐☐ 은 새가 듣고 ☐☐ 은 쥐가 듣는다.

❺ ☐☐ 말이 고와야 ☐☐ 말이 곱다.

❻ 아니 땐 ☐☐ 에 ☐☐ 날까.

❼ 원수는 ☐☐☐☐☐ 에서 만난다.

❽ ☐ 심은 데 콩 나고 ☐ 심은 데 팥 난다.

❾ ☐☐☐☐☐ 범 무서운 줄 모른다.

❿ ☐ 잃고 ☐☐☐ 고친다.

다음 초성과 힌트를 보고 속담을 맞춰 보세요.

① | ㅇ | ㅅ | ㄴ | | ㅇ | ㄴ | ㅁ | ㄷ | ㄹ | ㅇ | ㅅ | | ㅁ | ㄴ |
| ㄷ | . |

서로 꺼리고 싫어하는 대상을 피할 수 없는 자리에서 만났을 때를 일컫는 말이에요.

답:

① | ㅋ | | ㅅ | ㅇ | | ㄷ | | ㅋ | | ㄴ | ㄱ | | ㅍ |
| ㅅ | ㅇ | | ㄷ | | ㅍ | | ㄴ | ㄷ | . |

모든 일은 원인에 따라 그 결과가 나타난다는 말이에요.

답:

다음 그림을 보고 적절한 속담을 써 보세요.

답:

답:

띄어 쓰기에 주의하며, 밑줄에 속담을 써 보세요.

지금까지 배운 속담을 써 보세요. 띄어 쓰기에 주의하며 글자의 균형이 흐트러지지 않게 써야 해요. 부모님이 속담을 불러 주고 받아 쓰기를 해도 좋아요.

하늘이 무너져도 솟아날 구멍이 있다

속담이 너무 어렵다고요? 이제는 손가락도 아프고 팔도 아프다고요?

아무리 애를 써도 예쁜 글씨가 써지지 않는다고요?

'하늘이 무너져도 솟아날 구멍이 있다'라고 하잖아요. 아무리 힘들어도

열심히 따라 쓰다 보면 어느 순간 요령이 생기고 힘이 안 들 거예요.

우리 희망을 가져요!

1. 가랑비에 옷 젖는 줄 모른다.

가랑비는 가늘게 내리는 비를 말해요. 가랑비를 맞으면 옷이 아주 조금씩 젖어 들기 때문에 옷이 젖는지 금방 알아채지 못해요. 아무리 사소하고 작은 일일지라도 소홀히 하다가는 나중에 낭패를 볼 수 있다는 뜻이에요.

가	랑	비	에		옷		젖	는		줄 V
모	른	다	.							

가	랑	비		옷		젖	다		모	르	다
가	랑	비		옷		젖	다		모	르	다
가	랑	비		옷		젖	다		모	르	다

속담을 예쁘게 따라 써 보세요.

가랑비에 옷 젖는 줄∨
가랑비에 옷 젖는 줄∨
가랑비에 옷 젖는 줄∨

모른다.
모른다.
모른다.

가랑비에 옷 젖는 줄 모른
가랑비에 옷 젖는 줄 모른

다.
다.

63

2. 도토리 키 재기

 비슷비슷한 실력을 갖춘 사람끼리 서로 다툰다는 뜻이에요.

도	토	리		키		재	기			
도	토	리		키		재	기			

속담에 들어 있는 단어를 따라 써 보세요.

도	토	리		키		재	다
도	토	리		키		재	다
도	토	리		키		재	다

도 토 리 　 키 　 재 기

도 토 리 　 키 　 재 기

도 토 리 　 키 　 재 기

도 토 리 　 키 　 재 기

도 토 리 　 키 　 재 기

도 토 리 　 키 　 재 기

3. 도둑이 제 발 저리다.

 지은 죄가 있으면 자신도 모르게 마음이 조마조마해진다는 뜻이에요.

도둑이	제	발	저리다.
도둑이	제	발	저리다.

도둑	발	저리다
도둑	발	저리다
도둑	발	저리다

도둑이 제 발 저리다.

도둑이 제 발 저리다.

도둑이 제 발 저리다.

도둑이 제 발 저리다.

도둑이 제 발 저리다.

도둑이 제 발 저리다.

4. 바늘 가는 데 실 간다.

 바늘과 실은 항상 붙어 있어야 제 역할을 할 수 있지요? 이처럼 아주 가깝고 친한 사이끼리 항상 붙어 다닌다는 뜻이에요.

바	늘		가	는		데		실		간
다	.									

바	늘		가	다		실
바	늘		가	다		실
바	늘		가	다		실

바 늘 　 가 는 　 데 　 실 　 간

바 늘 　 가 는 　 데 　 실 　 간

바 늘 　 가 는 　 데 　 실 　 간

다 .

다 .

다 .

바 늘 　 가 는 　 데 　 실 　 간 다 .

바 늘 　 가 는 　 데 　 실 　 간 다 .

바 늘 　 가 는 　 데 　 실 　 간 다 .

5. 겉 다르고 속 다르다.

겉으로 드러나는 행동과 마음속으로 품고 있는 생각이 서로 다르다는 말로, 자신을 있는 그대로 드러내지 않고, 그럴듯한 모습으로 꾸민다는 뜻이에요.

겉		다	르	고		속		다	르	다	.
겉		다	르	고		속		다	르	다	.

겉	다	르	다	속
겉	다	르	다	속
겉	다	르	다	속

겉 다르고 속 다르다.

겉 다르고 속 다르다.

겉 다르고 속 다르다.

겉 다르고 속 다르다.

겉 다르고 속 다르다.

겉 다르고 속 다르다.

6. 귀한 자식 매 한 대 더 때린다.

 여러분은 '사랑의 매'라는 말을 들어 봤나요? 귀한 자식일수록 혼을 내서라도 버릇을
잘 가르쳐야 한다는 뜻이에요.

귀	한		자	식		매		한		대 V
더		때	린	다	.					

귀	하	다	자	식	매	때	리	다
귀	하	다	자	식	매	때	리	다
귀	하	다	자	식	매	때	리	다

귀한　자식　매　한　대 ∨
귀한　자식　매　한　대 ∨
귀한　자식　매　한　대 ∨

더　때린다.
더　때린다.
더　때린다.

귀한　자식　매　한　대　더
귀한　자식　매　한　대　더

때린다.
때린다.

7. 미운 아이 떡 하나 더 준다.

 사람을 미워하면 미움 받는 사람뿐만 아니라 미워하는 사람도 괴롭지요. 그래서 미운 사람에게는 더 많은 친절을 베풀어 서로 좋은 감정으로 잘 지낼 수 있도록 노력하라 는 뜻이에요.

미	운		아	이		떡		하	나	
더		준	다	.						

밉다	아이	떡	하나	주다
밉다	아이	떡	하나	주다
밉다	아이	떡	하나	주다

74

미운 아이 떡 하나

미운 아이 떡 하나

미운 아이 떡 하나

더 준다.

더 준다.

더 준다.

미운 아이 떡 하나 더 준

미운 아이 떡 하나 더 준

다.

다.

8. 병 주고 약 준다.

 남을 해치고 나서 약을 주며 그를 돕는 체한다는 뜻이에요. 남을 제 마음대로 이용하려는 교활한 행동을 일컫는 말이에요.

병		주	고		약		준	다	.	
병		주	고		약		준	다	.	

병	주다	약
병	주다	약
병	주다	약

76

병 주고 약 준다.

병 주고 약 준다.

병 주고 약 준다.

병 주고 약 준다.

병 주고 약 준다.

병 주고 약 준다.

9. 될성부른 나무는 떡잎부터 알아본다.

씨앗을 심었을 때 나오는 떡잎을 보고 우리는 이 나무가 잘 자랄지 알 수 있어요. 이처럼 사람도 어린아이 때의 성품과 행동을 보고 장차 훌륭한 인물이 될지 알아볼 수 있다는 말이에요.

될	성	부	른		나	무	는		떡	잎
부	터		알	아	본	다	.			

될	성	부	르	다		나	무		떡	잎
될	성	부	르	다		나	무		떡	잎
될	성	부	르	다		나	무		떡	잎

될성부른 나무는 떡잎

될성부른 나무는 떡잎

될성부른 나무는 떡잎

부터 알아본다.

부터 알아본다.

부터 알아본다.

될성부른 나무는 떡잎부터

될성부른 나무는 떡잎부터

알아본다.

알아본다.

10. 구슬이 서 말이라도 꿰어야 보배

아무리 값비싼 구슬이라도 목걸이나 팔찌 등으로 만들어야 사람들이 가치 있게 사용할 수 있어요. 이처럼 아무리 훌륭하고 좋은 것이라도 쓸모가 있어야 값어치가 있다는 말이에요.

구	슬	이		서		말	이	라	도	
꿰	어	야		보	배					

구	슬	말	꿰	다	보	배
구	슬	말	꿰	다	보	배
구	슬	말	꿰	다	보	배

구슬이 　 서 　 말이라도
구슬이 　 서 　 말이라도
구슬이 　 서 　 말이라도

꿰어야 　 보배
꿰어야 　 보배
꿰어야 　 보배

구슬이 　 서 　 말이라도 　 꿰어야∨
구슬이 　 서 　 말이라도 　 꿰어야∨

보배
보배

다음 속담에서 빈 칸에 들어갈 말을 채워 보세요.

❶ ☐☐☐ 에 옷 젖는 줄 모른다.

❷ ☐☐☐ 키 재기

❸ ☐☐ 이 제 ☐ 저리다.

❹ ☐☐ 가는 데 ☐ 간다.

❺ ☐ 다르고 ☐ 다르다.

❻ 귀한 ☐☐ 매 한 대 더 ☐☐☐.

❼ ☐☐ 아이 ☐ 하나 더 준다.

❽ ☐ 주고 ☐ 준다.

❾ ☐☐☐☐ 나무는 떡잎부터 알아본다.

❿ ☐☐ 이 서 말이라도 꿰어야 ☐☐

다음 초성과 힌트를 보고 속담을 맞춰 보세요.

1 ㅁ ㅇ ㅇ ㅇ ㄸ ㅎ ㄴ ㄷ ㄷ ㅈ ㄷ .

미운 사람일수록 친절을 베풀어 서로 잘 지낼 수 있도록 노력하라는 말이에요.

답:

2 ㅂ ㅈ ㄱ ㅇ ㅈ ㄷ .

남을 해치고 나서 약을 주며 그를 돕는 체한다는 뜻이에요.

답:

정답

1 미운 아이 떡 하나 더 준다. **2** 병 주고 약 준다.

쉬어가기

다음 그림을 보고 적절한 속담을 써 보세요.

①

흠, 창문을 깬 범인은 바로…!

누구지?

난, 저, 절대 아, 아니야!

답:

②

떡잎만 봐도 알 수 있지.

쿨

답:

정답

❶ 도둑이 제 발 저리다. ❷ 될성부른 나무는 떡잎부터 알아본다.

84

띄어 쓰기에 주의하며, 밑줄에 속담을 써 보세요.

지금까지 배운 속담을 써 보세요. 띄어 쓰기에 주의하며 글자의 균형이 흐트러지지 않게
써야 해요. 부모님이 속담을 불러 주고 받아 쓰기를 해도 좋아요.

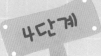
4단계

구르는 돌은 이끼가 안 낀다

데굴데굴 구르는 돌 위에는 이끼가 낄 수 없겠지요.
글씨 쓰기도 마찬가지예요. 예쁘게 쓰려는 노력을 하지 않다 보면
어느새 더 못난 글씨가 되고, 그러다 보면 나중에는 고치기가 더
어려울 거예요. 그러니까 여러분도 '구르는 돌'처럼
쉬지 않고 바른 글씨를 쓰도록 끊임없이 노력해 봐요.

1. 등잔 밑이 어둡다.

 어떤 것에 가까이 있는 사람이 오히려 그것에 대해 잘 알기 어렵다는 뜻이에요.

| 등 | 잔 | | 밑 | 이 | | 어 | 둡 | 다 | . | |
| 등 | 잔 | | 밑 | 이 | | 어 | 둡 | 다 | . | |

등	잔		밑		어	둡	다
등	잔		밑		어	둡	다
등	잔		밑		어	둡	다

등잔 밑이 어둡다.

등잔 밑이 어둡다.

등잔 밑이 어둡다.

등잔 밑이 어둡다.

등잔 밑이 어둡다.

등잔 밑이 어둡다.

2. 자라 보고 놀란 가슴 솥뚜껑 보고 놀란다.

자라의 등껍질은 둥글고 넓적한 솥뚜껑처럼 생겼어요. 색깔도 비슷하지요. 어떤 것을 보고 놀란 적이 있으면 그와 비슷한 것만 보고도 놀라게 된다는 뜻이에요.

자	라		보	고		놀	란		가	슴 V
솥	뚜	껑		보	고		놀	란	다	.

자 라	보 다	가 슴	솥 뚜 껑
자 라	보 다	가 슴	솥 뚜 껑
자 라	보 다	가 슴	솥 뚜 껑

속담을 예쁘게 따라 써 보세요.

자라 보고 놀란 가슴∨
자라 보고 놀란 가슴∨
자라 보고 놀란 가슴∨

솥뚜껑 보고 놀란다.
솥뚜껑 보고 놀란다.
솥뚜껑 보고 놀란다.

자라 보고 놀란 가슴 솥뚜
자라 보고 놀란 가슴 솥뚜

껑 보고 놀란다.
껑 보고 놀란다.

3. 고슴도치도 제 새끼는 함함하다고 한다.

 고슴도치의 털은 바늘처럼 꼿꼿하면서도 날카로워서 만지기 힘들어요. 하지만 그런 고슴도치일지라도 부모님의 눈에는 자식 모두가 예쁘고 귀여워 보인다는 말이에요.

고	슴	도	치	도		제		새	끼	는	∨
함	함	하	다	고		한	다	.			

고	슴	도	치		새	끼		함	함	하	다
고	슴	도	치		새	끼		함	함	하	다
고	슴	도	치		새	끼		함	함	하	다

고슴도치도　제　새끼는∨
고슴도치도　제　새끼는∨
고슴도치도　제　새끼는∨

함함하다고　한다.
함함하다고　한다.
함함하다고　한다.

고슴도치도　제　새끼는　함함
고슴도치도　제　새끼는　함함

하다고　한다.
하다고　한다.

4. 드는 정은 몰라도 나는 정은 안다.

정이 들 때는 드는 줄 모르지만 막상 헤어질 때는 그 정이 얼마나 두터웠는지 새삼 깨닫게 된다는 뜻이에요.

드	는		정	은		몰	라	도		나
는			정	은		안	다	.		

들	다		정		모	르	다		알	다
들	다		정		모	르	다		알	다
들	다		정		모	르	다		알	다

드 는　정 은　몰 라 도　나

드 는　정 은　몰 라 도　나

드 는　정 은　몰 라 도　나

는　정 은　안 다 .

는　정 은　안 다 .

는　정 은　안 다 .

드 는　정 은　몰 라 도　나 는　정

드 는　정 은　몰 라 도　나 는　정

은　안 다 .

은　안 다 .

5. 가지 많은 나무에 바람 잘 날이 없다.

 가지가 많은 나무는 조금만 바람이 불어도 많이 흔들리지요. 이를 비유해서 자식이 많은 부모는 근심 걱정이 끊임없다는 뜻이에요.

가	지		많	은		나	무	에		바
람		잘		날	이		없	다	.	

가	지	많	다	나	무	자	다
가	지	많	다	나	무	자	다
가	지	많	다	나	무	자	다

가 지　많 은　나 무 에　바
가 지　많 은　나 무 에　바
가 지　많 은　나 무 에　바

람　잘　날 이　없 다 .
람　잘　날 이　없 다 .
람　잘　날 이　없 다 .

가 지　많 은　나 무 에　바 람　잘∨
가 지　많 은　나 무 에　바 람　잘∨

날 이　없 다 .
날 이　없 다 .

6. 열 손가락 깨물어 안 아픈 손가락이 없다.

 아무리 못난 자식이라도 소중하지 않은 자식이 없다는 뜻이에요.

열		손	가	락		깨	물	어		안 ∨

아	프		손	가	락	이		없	다	.

손	가	락		깨	물	다		아	프	다
손	가	락		깨	물	다		아	프	다
손	가	락		깨	물	다		아	프	다

열　손가락　깨물어　안∨
열　손가락　깨물어　안∨
열　손가락　깨물어　안∨

아픈　손가락이　없다.
아픈　손가락이　없다.
아픈　손가락이　없다.

열　손가락　깨물어　안　아픈∨
열　손가락　깨물어　안　아픈∨

손가락이　없다.
손가락이　없다.

7. 무쇠도 갈면 바늘 된다.

 무쇠를 갈아 바늘을 만드는 것처럼 어떤 일이든지 꾸준히 노력하면 아무리 어려운 꿈도 이룰 수 있다는 뜻이에요.

무	쇠	도		갈	면		바	늘		된
다	.									

무	쇠		갈	다		바	늘		되	다
무	쇠		갈	다		바	늘		되	다
무	쇠		갈	다		바	늘		되	다

무쇠도　갈면　바늘　된
무쇠도　갈면　바늘　된
무쇠도　갈면　바늘　된

다.
다.
다.

무쇠도　갈면　바늘　된다.
무쇠도　갈면　바늘　된다.
무쇠도　갈면　바늘　된다.

8. 입에 쓴 약이 병에는 좋다.

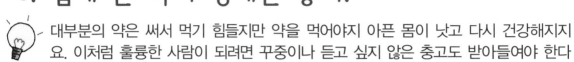

대부분의 약은 써서 먹기 힘들지만 약을 먹어야지 아픈 몸이 낫고 다시 건강해지지 요. 이처럼 훌륭한 사람이 되려면 꾸중이나 듣고 싶지 않은 충고도 받아들여야 한다 는 뜻이에요.

입	에		쓴		약	이		병	에	는V
좋	다	.								

속담에 들어 있는 단어를 따라 써 보세요.

입	쓰다		약	병	좋다	
입	쓰	다	약	병	좋	다
입	쓰	다	약	병	좋	다

속담을 예쁘게 따라 써 보세요.

입에 쓴 약이 병에는∨

입에 쓴 약이 병에는∨

입에 쓴 약이 병에는∨

좋다.

좋다.

좋다.

입에 쓴 약이 병에는 좋다.

입에 쓴 약이 병에는 좋다.

입에 쓴 약이 병에는 좋다.

9. 쥐구멍에도 볕 들 날 있다.

 쥐구멍은 너무 작고 어두워요. 하지만 아무리 캄캄하고 좁은 쥐구멍이라 해도 햇빛이 비칠 날이 있듯이, 지금은 어렵지만 언젠가는 좋은 때가 온다는 뜻이에요.

쥐	구	멍	에	도		볕		들		날 V
있	다 .									

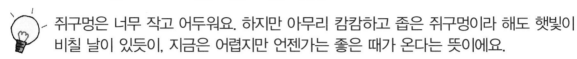
속담에 들어 있는 단어를 따라 써 보세요.

쥐	구	멍		볕		들	다		날
쥐	구	멍		볕		들	다		날
쥐	구	멍		볕		들	다		날

쥐구멍에도 볕 들 날∨

쥐구멍에도 볕 들 날∨

쥐구멍에도 볕 들 날∨

있다.

있다.

있다.

쥐구멍에도 볕 들 날 있다.

쥐구멍에도 볕 들 날 있다.

쥐구멍에도 볕 들 날 있다.

10. 호랑이 굴에 가야 호랑이 새끼를 잡는다.

 호랑이를 잡으려면 호랑이 굴에 직접 가야 그 새끼라도 잡을 수 있다는 말로, 뜻하는 성과를 얻으려면 어렵더라도 직접 부딪쳐야 성공할 수 있다는 뜻이에요.

| 호 | 랑 | 이 | | 굴 | 에 | | 가 | 야 | | 호 |
| 랑 | 이 | | 새 | 끼 | 를 | | 잡 | 는 | 다 | . |

호	랑	이	굴	가	다	잡	다
호	랑	이	굴	가	다	잡	다
호	랑	이	굴	가	다	잡	다

호랑이 굴에 가야 호
호랑이 굴에 가야 호
호랑이 굴에 가야 호

랑이 새끼를 잡는다.
랑이 새끼를 잡는다.
랑이 새끼를 잡는다.

호랑이 굴에 가야 호랑이
호랑이 굴에 가야 호랑이

새끼를 잡는다.
새끼를 잡는다.

다음 속담에서 빈 칸에 들어갈 말을 채워 보세요.

❶ 등잔 밑이 ☐☐☐.

❷ ☐☐ 보고 놀란 가슴 ☐☐☐ 보고 놀란다.

❸ ☐☐☐☐도 제 새끼는 함함하다고 한다.

❹ ☐☐ 정은 몰라도 ☐☐ 정은 안다.

❺ ☐☐ 많은 ☐☐에 바람 잘 날이 없다.

❻ ☐☐도 갈면 ☐☐ 된다.

❼ 입에 쓴 ☐이 ☐에는 좋다.

❽ ☐☐☐에도 별 들 ☐ 있다.

❾ 호랑이 ☐에 가야 ☐☐☐☐ ☐☐를 잡는다.

다음 초성과 힌트를 보고 속담을 맞춰 보세요.

1 ㅈ ㄱ ㅁ ㅇ ㄷ □ ㅂ □ ㄷ □ ㄴ □ ㅇ ㄷ .

지금은 어렵지만 언젠가는 좋은 때가 온다는 뜻이에요.

답:

2 ㅇ □ ㅅ ㄱ ㄹ □ ㄲ ㅁ ㅇ □ ㅇ □ ㅇ ㅍ ∨
ㅅ ㄱ ㄹ ㅇ □ ㅇ ㄷ .

아무리 못난 자식이라도 소중하지 않은 자식이 없다는 뜻이에요.

답:

다음 그림을 보고 적절한 속담을 써 보세요.

답:

답:

띄어 쓰기에 주의하며, 밑줄에 속담을 써 보세요.

지금까지 배운 속담을 써 보세요. 띄어 쓰기에 주의하며 글자의 균형이 흐트러지지 않게 써야 해요. 부모님이 속담을 불러 주고 받아 쓰기를 해도 좋아요.

바른 글씨체를 잡아 주는 속담 따라 쓰기

1판 1쇄 발행 | 2012. 9. 10.
1판 13쇄 발행 | 2020. 9. 1.

고영종 글 | 하이툰닷컴 그림

발행처 김영사 | **발행인** 고세규
등록번호 제 406-2003-036호 | **등록일자** 1979. 5. 17.
주소 경기도 파주시 문발로 197(우10881)
전화 마케팅부 031-955-3100 | **편집부** 031-955-3113~20 | **팩스** 031-955-3111

값은 표지에 있습니다.
ISBN 978-89-349-5878-9 63700

좋은 독자가 좋은 책을 만듭니다. 김영사는 독자 여러분의 의견에 항상 귀 기울이고 있습니다.
전자우편 book@gimmyoung.com | 홈페이지 www.gimmyoungjr.com